POSITIONS
DE
DROIT FRANÇOIS

SUR l'Autorité respective des Loix de differens pays, par raport aux Personnes, aux Actes & aux Biens.

A ORLEANS,
De l'Imprimerie de L. F. Couret de Villeneuve, Imprimeur du Roy, de Monseigneur l'Evêque, & de l'Université.

M. DCC. XLV.

ESSAI

SUR l'Autorité respective des Loix de différens Païs, par raport aux Personnes, aux Actes & aux Biens.

ORSQUE les Citoyens veulent acquerir des Biens situez dans un Païs soumis à des Loix differentes de celles de leur domicile, ou que possedant ces biens, ils desirent d'en disposer, & lorsqu'ils font des conventions avec des personnes domiciliées dans un autre endroit; on demande à quelles Loix il apartient de regler ces acquisitions, ces dispositions, ou ces conventions; & pour resoudre cette question, que la diversité des Coûtumes établies dans le Royaume a rendu d'un usage si frequent, il est necessaire de fixer l'étenduë précise de l'autorité respective des Statuts, & la maniere dont ils exercent leur pouvoir sur les Biens, sur les Actes & sur les Personnes.

Le mot *Statut* signifie *ce qui est établi.* Sous le nom de Statuts nous comprenons tous les Reglemens établis dans l'état pour l'utilité des Citoyens. Ainsi nous mettons de ce nombre les dispositions des Loix, & celles des Coûtumes lorsquelles sont autorisées par le Gouvernement, aussi bien que les Statuts des Universitez, des Corps, des Communautez que la puissance publique aprouve & autorise.

On divisera ce Traité en deux parties. Dans la premiere, on parlera des Statuts en général : Dans la seconde, des Statuts qui concernent les Actes.

PREMIERE PARTIE.

Des Statuts en général.

TOus les Statuts, ou ce qui revient au même, toutes les Loix en général ont pour but de faire jouir les hommes des avantages que la société peut procurer. L'utilité particuliere de chacun étant attachée au bien public, l'interêt de la societé ou de l'état forme l'unique objet des Loix. L'interêt d'un état demande 1°. que les biens soient gouvernez suivant des regles ausquelles tous ceux qui les possedent, soient tenus de se conformer. 2°. Que les personnes, en ce qui regarde leur condition & leurs devoirs, soient regies par l'autorité des Loix, sous l'empire desquelles elles ont fixé leur sejour.

De là naît la distinction des Statuts en réels & personnels.

Les Statuts réels sont ceux par lesquels la Loy dispose immediatement des choses, soit en les transferant par la suite de l'ordre qu'elle a établi, soit en les assujettissant à certaines charges. On en trouve des exemples dans les Loix sur les successions, dans celles sur les Fiefs, & dans quantité d'autres.

Les Statuts personnels sont ceux dans lesquels la Loy fixe l'état & la condition des personnes, & leur prescrit en consequence ce qu'elles ont à suivre, soit par raport à leurs conventions, soit par raport aux dispositions qu'elles pourroient faire au sujet de leurs biens. Tel est, par exemple, le Statut qui défend aux Mineurs de faire des conventions onereuses, ou d'aliener leurs immeubles.

On ajoûte communement une troisiéme espece de Statuts qu'on apelle mixtes, & on en donne diverses définitions. Le nom de mixtes ne convient proprement qu'à des Statuts, qui sans être réels ni personnels, participent à la nature des uns & des autres, & il s'en trouve en effet plusieurs de cette espece. Ce sont ceux qui concernent l'ordre exterieur & la Police des Etats. Les Loix qui sont faites à ce sujet, dans les regles qu'elles prescrivent aux particuliers, ne considerent ni leurs qualitez personelles, ni la nature de leurs biens : Elles regardent les hommes comme membres de la societé civile & politique, & par là dépendans de l'ordre qui regne dans les Païs où ils se trouvent.

Les exemples de ces Statuts sont peut-être les plus frequens & les plus connus. Ils se trouvent non-seulement dans les regles de la Police ordinaire, touchant les édifices, les chemins, &c. mais encore dans des Reglemens d'un ordre superieur, tels que ceux sur l'exercice de la Justice dans les Tribunaux, & sur la maniere d'y proceder, sur les fonctions des Notaires & autres Officiers publics, sur le culte divin & les cérémonies de la Religion.

Il n'est pas difficile de sentir que ces Statuts sont differens de ceux dont nous avons parlé plus haut. En effet, ils ne peuvent être raportez ni à l'une ni à l'autre des deux especes, dont nous avons donné la définition. On ne peut pas dire qu'ils soient réels, puisqu'ils lient les hommes indépendamment des biens qui leur apartiennent, ils ne sont pas non plus personnels, puisqu'ils soumettent indifferemment le Citoyen & l'Etranger.

C'est donc une troisiéme espece de Statuts, que nous avons droit d'apeller mixtes. Car sans être réels ni personnels, ils ont une affinité avec les uns & les autres; avec les premiers en ce qu'ils ne sortent point de leur territoire, avec les seconds en ce qu'ils obligent les personnes qui participent à la societé. C'est ce que vont faire voir les regles que nous proposons sur ces trois especes de Statuts.

Effets des Statuts Réels.

REGLE PREMIERE ET FONDAMENTALE.

LEs biens situez dans un Païs sont nécessairement soumis à l'empire des Loix émanées de la puissance publique qui y regne. C'est donc à ces Loix qu'apartient le droit de transmettre ces biens par l'ordre des Successions, d'en attribuer la proprieté suivant qu'elles le jugent utile & convenable, de confirmer, de regler, d'établir les Titres suivant lesquels ils sont acquis ou alienez, de les assujettir à des charges, des redevances, des mouvances, des servitudes, &c.

REGLE II.

LA Loy d'un Païs ne peut disposer des biens situez dans un Païs soumis à d'autres Loix, quoiqu'ils soient possedez par ses Sujets.

Ainsi si un François qui possedoit des Biens en Lorraine vient à mourir, l'ordre de la Succession de ces biens ne sera pas reglé par la Coûtume de Paris, où l'on supose que le François étoit domicilié; la Coûtume de Lorraine les déferera seule. Si donc le défunt laisse pour héritiers des freres du double & du simple lien, les biens de Lorraine où le double lien a lieu, apartiendront aux seuls freres du double lien, quoique par la Coûtume de Paris tous les freres indistinctement concourent à la succession de leur frere, soit qu'ils soient du double ou du simple lien.

On exprime communément cette regle, en disant que les Statuts réels ne sortent point de leur territoire.

REGLE III.

LEs meubles qui n'ont point de situation fixe, & qui peuvent se transporter d'un endroit à un autre, ne sont pas soumis à l'autorité des Statuts réels. Ils ne sont proprement d'aucun Pays, ou plûtôt ils sont du Pays de celui qui en est le Proprietaire, à la personne duquel ils doivent être regardez comme attachez. Ils suivent donc la Loy de ce Pays.

Ainſi ſi un habitant de Paris avoit une terre dans le Bleſois, dont le Chateau fut richement meublé, & qu'en mourant il laiſſât pour héritiers un Frere & des Neveux d'un autre Frere, ces Neveux hériteroient de la moitié des meubles du Château, concurremment avec leur Oncle, quoique ces meubles ſe trouvent dans la Coûtume de Blois, où le Frere exclut les Neveux s'ils n'ont été rapellez. Car ces meubles n'ayant point d'autre ſituation que celle du domicile de la perſonne à qui ils apartiennent, c'eſt à la Coûtume de Paris où le défunt étoit domicilié, à en déferer la Succeſſion. Or elle apelle les Neveux concurrement avec les Freres à la Succeſſion de leurs Oncles.

Effets des Statuts Perſonnels.

REGLE PREMIERE ET FONDAMENTALE.

LEs hommes en tout ce qui leur eſt perſonnel ſont ſoumis à la Loy de leur domicile. Ils jouiſſent des avantages qu'elle procure, & ſubiſſent les Charges qu'elle impoſe. C'eſt à cette Loy à fixer leur état & leur condition, & à déterminer tout ce qui en peut dépendre. C'eſt à elle à décider s'ils ſont capables ou incapables de donner & de recevoir, en un mot d'avoir part aux Actes civils.

Il y a deux ſortes d'incapacitez reglées toutes deux ſuivant la Loy du domicile des perſonnes. L'une eſt abſoluë, & l'autre relative.

L'incapacité abſoluë eſt celle qui naît de l'état d'une perſonne conſideré en lui-même. C'eſt ainſi que les furieux, les imbecilles, & ceux qui ſont tombés dans la mort civile, ſont incapables de faire un Teſtament.

L'incapacité relative eſt celle qui ſe forme par la comparaiſon de l'état d'une perſonne avec celui d'une autre. Elle ſe trouve dans le Plaideur qui ne peut teſter au profit de ſon Avocat ou de ſon Procureur, non plus que le Mineur au profit de ſon Tuteur ou de ſon Curateur; l'Amant de ſa Concubine, le Malade de ſon Médecin.

Quelquefois même l'incapacité relative naît de la comparaiſon de l'état d'une perſonne avec la nature des biens dont elle diſpoſe, ou du titre auquel elle en diſpoſe. En voici des exemples. Suivant la C. d'Orleans art. 293. ceux qui n'ont pas encore vingt-cinq ans ſont incaplabes de donner par Teſtament aucune partie de leurs propres; quoiqu'ils puiſſent dès l'âge de vingt ans teſter de leurs Meubles & de leurs Acquêts; & par l'art. 275. de la même Coutume, ils ſont incapables de faire une Donation entre vifs, quoiqu'ils puiſſent faire un Teſtament. Dans le premier exemple, la raiſon d'incapacité eſt que ceux qui n'ont pas atteint l'âge de vingt-cinq ans, ſont cenſez n'avoir pas aſſez de maturité de jugement pour teſter d'une eſpéce de biens qui ne doit point être ôtée aux Familles ſans de ſolides raiſons. Dans le fecond, le motif d'incapacité eſt pris de ce qu'on a beſoin d'une prudence plus grande, lorſqu'on diſpoſe de ſes biens par un Acte irrevocable, & qui nous dépoüille, comme la Donation entre vifs, que lorſqu'on le fait par un Acte qui ne dépoüille point, & qu'on eſt toûjours le maître de réformer, comme le Teſtament.

Cette reflexion regarde les Statuts perſonnels. On en peut faire une ſur les Statuts réels qui répond à celle-cy. La Loy en diſpoſant des biens a quelquefois égard à la qualité des perſonnes à qui elle les donne, par exemple, en déférant la Succeſſion des Pere & Mere, elle a égard à la qualité d'enfant: Dans le partage des Fiefs, elle conſidere la qualité d'aîné. Mais ces diſpoſitions ne ſont pas pour cela perſonnelles, & on en verra la raiſon cy-après.

REGLE II.

Les Statuts perſonnels n'ont point lieu ſur les perſonnes domiciliées hors de leur territoire. Ils ne ſçauroient en aucune façon lier les étrangers, pas même par raport aux biens qu'ils poſſederoient dans le territoire de la Loy.

Ainſi un habitant de Normandie âgé de vingt ans, & qui n'en a pas encore vingt-cinq, peut aliener les biens qu'il poſſede dans la C. d'Orleans, quoique dans cette Coutume, les Mineurs ne puiſſent aliener leurs biens juſqu'à l'âge de vingt-cinq ans.

REGLE III.

Les Statuts perſonnels ont lieu pour les biens mêmes que les perſonnes ſujettes à leur empire poſſedent dans un Pays ſoumis à d'autres Loix. Les Statuts perſonnels s'étendent donc au dela de leur territoire, & les perſonnes qui y ſont aſſujetties doivent les obſerver en diſpoſant de leurs biens en quelqu'endroit que ces biens ſoient placez.

Ainſi un Orléannois âgé de vingt ans, & qui n'en a pas encore vingt-cinq, ne peut aliener les biens qu'il poſſede dans la C. de Normandie, quoique dans cette Coutume on ait la liberté de diſpoſer de ſes biens, ſitôt qu'on a l'âge de vingt ans accomplis. Cette doctrine eſt confirmée par pluſieurs Arrêts.

De tout cecy on peut conclure qu'un Statut perſonnel équivaut à pluſieurs Statuts réels. Car lorſque quelqu'un eſt lié par un Statut perſonnel qui lui défend de diſpoſer de ſes biens, c'eſt comme ſi dans tous les Pays où ſont ces biens, il y avoit des Statuts réels qui les rendiſſent inalienables.

Effets des Statuts Mixtes.

REGLE PREMIERE ET FONDAMENTALE.

Les Loix qui concernent la Police & l'ordre extérieur des états, ſoumettent tous les hommes qui ſe trouvent actuellement dans leur territore.

Ainſi lorſque pour quelque réjoüiſſance publique, on ordonne d'illuminer toutes les Maiſons d'une Ville; tous ceux qui occupent actuellement ces Maiſons, ſoit comme Propriétaires, ſoit comme Uſufruitiers, ſoit comme Locataires, ne fut ce que pour un jour, comme les voyageurs qui ſe trouvent dans les Auberges, ſont obligés de ſuivre cette Ordonnance.

C'eſt ainſi encore que ceux qui ſe trouvent dans des Villes aſſiegées, où il n'eſt libre qu'aux Gens de Guerre d'avoir des Armes, ne peuvent en porter ni en avoir chez eux, ſans une permiſſion particuliere du Gouverneur, encore qu'ils ſoient étrangers.

Cette regle eſt ſi ſimple & ſi connuë, qu'on en a fait un proverbe qui eſt dans la bouche de tout le monde: *Si fueris Romæ, Romano vivito more.*

REGLE II.

LEs mêmes Loix ne ſçauroient s'étendre ſur ceux qui ſont hors du lieu de leur Juriſdiction. Elles perdent donc leur force ſur les Citoyens qui voyagent en Pays étranger, & par conſéquent elles ne ſortent point de leur territoire. Elles ne lient à proprement parler, ni les Propriétaires, ni les Poſſeſſeurs des biens, mais ceux qui par leur habitation en ont la joüiſſance actuelle.

Sur quoi il eſt à remarquer que les Propriétaires & les Locataires ſont cenſez occuper les Maiſons qu'ils ne loüent point à d'autres, & par conſéquent ils doivent obéïr aux Statuts qui concernent la Police de ces Maiſons, tels que ceux que nous avons indiqués dans la regle précédente.

REGLE III.

ON ne ſçauroit prendre part à la ſociété établie dans un Pays ſans être obligé de ſe conformer à l'ordre qui y eſt ſuivi. En France, par exemple, on ne ſçauroit faire une profeſſion publique d'une autre Religion que de la Catholique; & ſi l'on pourſuivoit une affaire au Parlement de Paris, il y faudroit proceder de la maniére preſcrite & pratiquée dans ce Parlement; ſoit qu'on fut François ou Etranger.

Diſtinction des Statuts.

ON ne s'arrêtera point à faire voir combien la diſtinction des Statuts eſt importante. Ce qui vient d'être dit ſur leurs effets ſuffit pour faire voir qu'il eſt eſſentiel de ne les point confondre. On n'entreprendra pas non plus d'expliquer en détail l'uſage de cette diſtinction dans toutes les parties de la Juriſprudence. Il eſt aiſé de s'en figurer l'étenduë. On ſe contentera donc d'en indiquer les bornes, & de marquer à quoi la queſtion doit être préciſément reduite.

Lorſque l'on cherche à déterminer l'eſpéce d'un Statut, c'eſt afin d'en pouvoir aſſigner les effets; par exemple, lorſqu'on demande ſi un Statut eſt réel, c'eſt afin de ſçavoir s'il ne ſort point de ſon territoire, & s'il doit être obſervé par tous les Propriétaires des biens qui y ſont ſituez.

De ce principe on peut conclure. 1°. Que ſi l'on connoiſſoit clairement les effets d'un Statut, il ne ſeroit pas néceſſaire de ſçavoir à quelle eſpéce il apartient. Ainſi ſi dans un temps de calamité, on ordonnoit que les riches contribuaſſent pour la ſubſiſtance des Pauvres, & que chacun fut taxé ſur le pied du loyer de la Maiſon qu'il occupe; il n'y auroit pas lieu de demander ſi ce ſeroit un Statut perſonnel, réel, ou mixte. Car l'effet étant clair par lui-même, il n'eſt pas beſoin de remonter à la cauſe pour letrouver.

2°. On voit encore par-là qu'il eſt inutile de chercher des régles ſur la diſtinction des Statuts mixtes, parce que l'effet de ces Statuts ſe préſente d'abord à l'eſprit, avant même qu'on ait penſé à chercher de quelle eſpéce ils ſont. Ce n'eſt donc point de leur nature qu'il faut déduire leurs effets, puiſque la connoiſſance de leurs effets précéde celle de leur nature.

Un étranger poſſede des Maiſons dans une Ville. On voit d'abord qu'il doit ſe conformer aux Statuts qui défendent d'entreprendre ſur la ruë, d'avoir d'Enſeigne ſans permiſſion, & à tels autres Réglemens ſemblables, ſoit qu'on les regarde comme des Statuts mixtes, ou comme des Statuts réels, parce qu'indépendamment de l'eſpéce de ces Statuts, il eſt certain que ceux qui poſſedent des Maiſons ne doivent point troubler l'ordre établi à l'égard de ces Maiſons.

Autre eſpéce. Dans une Ville où l'on craint d'être ſurpris par les ennemis, on ordonne à tous ceux qui s'y trouvent en état de porter les Armes, de ſe tenir prêts pour la défenſe de la Ville. Il eſt clair que le Citoyen & l'Etranger ſont également obligez d'obéïr à cet ordre; & par conſéquent il eſt inutile de demander ſi c'eſt un Statut mixte, ou perſonnel.

3°. Il ſe trouve dans le droit pluſieurs Loix qui ne ſont ſimplement que laiſſer aux hommes la liberté qu'ils ont naturellement de faire ce qui leur plaît: Par exemple, celles qui permettent les Donations entre vifs, ou les avantages entre Maris & Femmes. Ces Loix n'ont proprement aucun effet poſitif; elles ont ordinairement pour but d'empêcher que les défenſes qui ont lieu dans un autre territoire, ne s'introduiſent auſſi dans le leur. Elles n'établiſſent rien de nouveau. Ce ne ſont donc point proprement des Statuts, & par conſéquent, elles ne ſont point ſujettes à notre diſtinction.

Après avoir écarté de notre queſtion ce qui n'y apartient point, il faut examiner ce qui en dépend, & tacher d'aſſujettir à des régles générales toutes les eſpéces que cette queſtion renferme. Mais nous avons encore à faire une refléxion préliminaire, qui eſt une ſuite du principe que nous avons établi.

Par les effets d'un Statut, on peut en découvrir la nature & l'eſpéce. Ce n'eſt point faire un cercle dans le raiſonnement, que de dire que la nature du Statut en détermine les effets, & que les effets en font diſcerner la nature. Car comme on l'a vû tout à l'heure, l'effet qui doit reſulter d'une Loy, eſt quelquefois ce qui s'aperçoit le plus facilement, & ce qui se présente le premier à l'esprit. Cet effet peut donc servir à faire connoitre le caractére même de la Loy. C'est ce que l'expérience fait sentir aisément.

Voicy maintenant le principe général duquel nous partons.

Ce qui fait l'objet & la fin du Statut, en détermine l'espéce. Si ce sont les choses, il est réel : Si ce sont les personnes, il est personnel. Mais ce qu'il faut remarquer avec soin, & ne point perdre de vuë; c'est que par l'objêt du Statut, on doit entendre l'objet immédiat, comme par la fin, il faut entendre la fin prochaine, & non pas l'objet médiat, ou la fin éloignée. Cecy se comprendra facilement par un exemple.

Ce Statut, *les Propriétaires des fonds situez dans une Paroisse de Campagne, payeront la Dîme au Curé*, est réel, quoiqu'il ait pour objet la personne du Curé; parce que cette personne n'est que l'objet médiat & la fin éloignée du Statut, & que les fonds qui doivent contribuer, en sont l'objet immédiat & la fin prochaine.

De ce principe naissent plusieurs conséquences.

1re. *Consequence.* Lorsque la Loy établit un droit en faveur de quelqu'un, pour juger si elle est personnelle ou réelle, il faut considerer non à qui elle donne ce droit, mais sur qui elle le donne, & si c'est une charge qu'elle impose aux choses ou aux personnes. Celle qui donne un droit sur la chose est réelle; & celle qui donne un droit sur la personne est personnelle. C'est pour cela que les Statuts sur les Successions sont réels, au lieu que ceux sur les conventions sont pour la plûpart personnels.

Il faut remarquer icy (& cette observation n'est pas à négliger) que cette distinction des Statuts est entierement oposée à celle des servitudes réelles & personnelles. Car la distinction des servitudes se fait non par le terme d'où elles partent, mais par celui où elles aboutissent, en sorte qu'on apelle servitude réelle celle qui est dûë aux fonds, & personnelle celle qui est dûë aux personnes; au lieu que nous distinguons les Statuts, non par les personnes ou les choses ausquelles ils accordent un droit, mais par celles sur qui ce droit est accordé.

2me. *Consequence.* Lorsque la Loy impose aux personnes quelque obligation, soit par raport à elles mêmes, soit par raport aux autres, si elle a eu pour motif la qualité de ces personnes, son Statut est personnel. Ainsi le Statut qui oblige le Mineur à se faire autoriser de son Curateur, celui qui soumet à l'exhérédation le fils majeur qui se sera marié sans avoir requis le consentement de son Pere : ces Statuts & d'autres pareils sont personnels.

Pareillement, lorsque la Loy fait quelque affectation des choses, soit au profit de plusieurs personnes, soit au profit d'un seul, ses dispositions sont réelles. Ainsi les Statuts qui déferent la Succession d'un défunt à ses plus proches parents, & ceux qui attribuent au Roy ou au Seigneur Haut-Justicier la propriété des choses trouvées, sont des Statuts réels.

3me.

3me. *Conſequence.* Si dans une Loy il ſe trouve deux motifs principaux & dominans, dont l'un eſt pris de la perſonne & l'autre de la choſe; il y a auſſi deux Statuts differens. En voici un exemple contenu en l'article 292. de la C. d'Orleans, en ces termes: *Toutes perſonnes ſaines d'entendement âgez, & uſants de leurs droits, peuvent diſpoſer par teſtament & ordonnance de derniere volonté, au profit de Perſonnes capables, de tous leurs Biens meubles, Acquêts & Conquêts immeubles, & de la cinquiéme partie de tous leurs propres héritages, & non plus avant.*

Dans cet art. la Coûtume éxige d'abord pluſieurs qualitez perſonnelles dans ceux qui veulent diſpoſer par Teſtament, & toutes ces qualités réunies forment le motif qu'elle à d'autoriſer leur diſpoſition; enſuite, elle défend de diſpoſer au-delà du Cinquiéme de ſes propres, & ſon motif eſt d'affecter aux Familles la plus grande partie de ces biens. Il y a donc là deux motifs differens. Auſſi ſont-ce deux Statuts qui ne ſont liez enſemble que par les termes.

4me. *Conſéquence.* Réciproquement, ſi deux ou pluſieurs Statuts ont le même objet, & ſont fondez ſur les mêmes motifs, on peut aſſurer qu'ils ſont de même eſpéce. D'où il ſuit que ſi l'un n'eſt fait que par une ſuite, & une conſéquence de l'autre, s'il en eſt l'acceſſoire & la modification, il en ſuit la nature. Ce qui d'ailleurs eſt facile à concevoir.

Ainſi lorſqu'après avoir affecté la Succeſſion des Pere & Mere aux enfans, la Loy dônne à ceux-cy le droit de quereller les diſpoſitions inofficieuſes faites par leurs parens, le Statut d'où naît ce droit, eſt réel. Car la Loy qui accorde aux enfans la querelle d'inofficioſité, eſt une ſuite de celle qui leur attribue là Succeſſion de leur Pere & de leur Mere; laquelle eſt un Statut réel. La ſeconde n'ayant point d'autre motif que la premiére, & n'en étant que la modification, elles ſont toutes deux de même eſpéce.

De toutes ces propoſitions ſe forme une régle générale, par le moyen de laquelle on peut faire la diſtinction des Statuts réels & perſonnels.

REGLE GENERALE.

POur déterminer l'eſpéce d'un Statut, il ſuffit d'y apliquer éxactement la définition & les caractéres des Statuts réels & perſonnels, tels qu'on vient de les marquer. Si le Statut propoſé a les caractéres de la réalité, il ſera réel: S'il a ceux de la perſonalité, il ſera perſonnel.

Ou bien encore: Si ſans découvrir entiérement ſa nature, on trouve qu'elle eſt opoſée direĉtement à celle des Statuts réels, on peut aſſurer qu'il eſt perſonnel, & *vice verſâ.*

On a deja eu occaſion de faire l'aplication de cette régle dans les exemples qui ont été donnés juſqu'icy. Ceux que nous allons propoſer ſont plus difficiles, & méritent d'être examinez à fonds.

EXEMPLE. 1er. *Question Premiere.*

Les Statuts qui déterminent le temps de la prescription sont-ils réels ou personnels ?

La prescription est une maniére d'acquerir ou de se liberer après un certain temps. Quand on a joüi d'un héritage ou d'une rente fonciére pendant le temps marqué pour la prescription, on a la propriété de cet héritage ou de cette rente, & celui qui en étoit le maître, cesse de l'être, & perd son Droit. De même le débiteur à qui on n'a point demandé pendant le temps prescrit ce qu'il devoit, acquiert la libération de sa Dette, & le Créancier ne peut plus l'éxiger.

Les divers Droits qui se prescrivent sont, ou des Droits sur la chose, ou des Droits sur la personne. Or, 1°. Le Statut qui établit une maniére d'acquerir & de perdre un Droit sur la chose, & qui détermine le temps après lequel ce Droit sera acquis pour l'un, & perdu pour l'autre, dispose de la chose même, & l'affecte à un certain ordre. Son objet est que la propriété des choses & des Droits réels, ne soit point incertaine. Ce Statut est donc réel.

2°. Les Statuts qui établissent des fins de non recevoir, & en vertu desquels le débiteur se trouve libéré de son obligation, sont personnels. Car ces Statuts ont pour objet un Droit sur la personne, droit qu'ils ôtent à celui en qui il résidoit.

Mais, dira-t'on, si cette prescription dépend d'un Statut personnel, par quelle Loy doit elle être reglée ? Est-ce par la Loy du domicile du débiteur, ou par celle du domicile du créancier ? Je réponds qu'en suivant les principes qui ont été posez, on trouvera que c'est à la Loy du domicile du créancier à marquer le terme où l'obligation finit. Car dans les Statuts on doit considerer, non à qui la Loy accorde quelque chose, mais sur qui cette chose est accordée. Or, la prescription est accordée sur la créance, & contre le Créancier. C'est à lui que la Loy en imposant un terme fatal à l'obligation, ordonne de demander le payement avant ce terme : C'est lui que, faute d'avoir satisfait à cet ordre, elle punit de sa négligence par une prescription sagement introduite, & salutaire aux Créanciers mêmes, puisque la Loy les contraint par cette voye à ne point négliger leurs Droits.

EXEMPLE. 2d. *Question Seconde.*

Le Statut de la Communauté légale est-il réel ou personnel ?

La Communauté légale consiste. 1°. En ce que la Loy par le seul effet du Mariage, défére au Mari la propriété de tous les biens mobiliers qui apartenoient à la Femme au moment du Mariage & des immobiliers même qui lui échéent pendant le Mariage, autrement que par succession. 2°,

En ce que cette même Loy, au moment de la dissolution du Mariage, défére à la Femme ou à ses héritiers la propriété de la moitié de tous les biens mobiliers que le Mari possédoit au moment de la dissolution, & des immobiliers qu'il avoit acquis pendant le Mariage.

Cette question de sçavoir si la Communauté établie par la Loy entre les conjoints, dépend d'un Statut réel ou d'un Statut personnel, & si elle doit avoir lieu pour les biens même qui sont situez dans des Coûtumes où il n'y a point de Communauté; cette question a partagé deux de nos plus célébres Jurisconsultes, Du Moulin & d'Argentré. Le premier jugea ce Statut personnel: L'autre le crut réel.

A la simple inspection du Statut de la Communauté, on est prêt d'embrasser le sentiment de d'Argentré. On y voit une disposition immédiate ce semble, que fait la Loy, d'abord des biens de la Femme, ensuite de ceux du Mari; disposition qui caractérise proprement les Statuts réels. Le Droit qui y est établi est un Droit sur les biens qui sont affectez au Mari pendant le Mariage, & à la Femme après sa dissolution. La définition qu'on à donné des Statuts réels, & le dévelopement qu'on a fait de leurs caractéres, semblent se réunir pour assurer la réalité de ce Statut. Cependant la Jurisprudence des Arrêts y est contraire, & on sent en effet qu'il y a quelque raison qui fait que ce Statut est personnel, avant même qu'on puisse dire quelle est cette raison.

Mais lorsqu'on aprofondit, on voit que ce n'est pas précisement par une disposition immédiate que la Loy affecte les biens du Mari & de la Femme à l'ordre de la Communauté; que c'est plûtôt parce qu'elle supose, conformément au vœu de la nature dans l'institution du Mariage, que ceux qui forment cette étroite union veulent avoir entr'eux une communication de toutes choses, & qui s'étende sur les biens, ainsi que sur les personnes; & en conséquence de cette supposition, la Loy déclare que cette convention subsiste entre ceux qui n'en ont pas fait une contraire. C'est donc une obligation qu'elle n'impose pas à la vérité à ses Sujets, mais qu'elle présume qu'ils ont voulu s'imposer; ce qui paroît même par les termes dans lesquels elle est conçuë, *homme & Femme conjoints par Mariage sont uns & communs*. Mais cette convention supoſée par la Loy lie les personnes, tant qu'elles n'en font point de contraire. Car la Loy est la premiere convention des Citoyens. Ainsi les Statuts qui forment des conventions tacites, sont personnels, & les engagemens qui en resultent suivent par tout les personnes, & s'étendent indistinctement sur tous les biens.

Ce qu'il y a de particulier icy, c'est que les parties en changeant de domicile ne peuvent renoncer à la Communauté que la Loy de leur domicile a établie entr'eux. La raison en est que l'engagement qui a été formé au commencement du Mariage en doit regler toutes les suites, & que les conditions de cet engagement sont essentiellement relatives les unes aux autres; la Coutume, par exemple, n'a d'abord accordé un tel avantage au Mari, qu'en consideration de celui qu'elle devoit ensuite accorder à la Femme.

Sur la question de sçavoir si un Statut, tel que celui de la C. de Normandie, qui défend la Communauté, est personnel, aussi bien que celui qui l'admet, la réponse est facile. C'est une défense faite aux personnes, & qui leur interdit une convention. Il n'y a donc pas lieu de revoquer en doute la personalité d'un tel Statut.

Quoique la regle qu'on a proposée soit aussi générale qu'elle est évidente, il y a des Statuts qui semblent s'y dérober, & dont la nature veritable se cache sous une forme trompeuse. Ce sont ceux qui réels en aparence sont personnels en effet, & ceux qui au dehors semblent personnels & au fonds sont réels. A l'égard des premiers, on n'en dira rien pour le présent. La regle particuliere pour la distinction de ces Statuts, a été indiquée dans ce qu'on vient de dire sur le Statut de la Communauté. Elle sera énoncée clairement, lorsqu'on donnera les regles sur l'effet des Actes. Quant aux seconds, pour parvenir à connoître leur nature, voici la route qu'on peut tenir.

Les Statuts qui se montrent sous une forme personnelle, & qui pourtant donnent lieu de penser qu'ils peuvent être réels, sont ceux où la Loy ordonne ou défend quelque chose aux personnes *au sujet de leurs biens*. Mais pour juger s'ils sont réels en effet, il n'est question que de sçavoir, si la Loy dans ce qu'elle prescrit, a pour but d'affecter précisément les choses à l'ordre qu'elle a établi pour les transmettre. Car en ce cas le Statut quoique personnel dans la forme, ne sera que le complement & l'accessoire d'un Statut réel.

La Loy dispose en deux manieres des biens situez dans son territoire, ou tellement qu'elle interdit aux Possesseurs de ces biens toute disposition contraire à celle qu'elle même a faite, ou tellement qu'elle leur permet d'en disposer autrement qu'elle n'a fait, & n'a eu en vûë de faire sa disposition qu'au défaut de celle de l'homme.

Lorsqu'après avoir établi un ordre pour la transmission des biens situez dans son territoire, & voulant le rendre inviolable, elle défend ensuite aux personnes d'y contrevenir, il est visible que cette défense tombe plûtôt sur la chose que sur la personne, ou plûtôt ne tombe sur la personne qu'à cause de la chose, & autant qu'elle la possede; & par consequent un tel Statut est au fonds réel, quoiqu'il soit conçû dans les termes d'un Statut personnel.

Au contraire, lorsque la Loy n'a fait sa disposition que pour supléer à celle de l'homme, & qu'elle permet à ses Sujets de disposer de leurs biens autrement qu'elle n'en dispose elle même, si elle vient ensuite à le défendre à quelques uns d'eux en particulier, & suivant de certaines modifications; il est visible que ce n'est pas dans la vuë d'affecter inviolablement les biens à l'ordre qu'elle a établi, mais que si elle en interdit la disposition à certaines personnes, & dans certains cas seulement; c'est par des raisons particulieres

& perſonnelles, puiſqu'elle accorde d'ailleurs une liberté générale d'en diſpoſer, & qu'elle ne peut avoir par conſéquent pour motif le deſſein de maintenir & d'aſſurer la diſpoſition qu'elle a faite, & d'y aſſujettir par une néceſſité inviolable.

Ainſi lorſque la Coûtume de Paris défend à tous ſes Sujets de diſpoſer de la totalité de leurs propres par Teſtament; il eſt viſible que c'eſt uniquement pour maintenir inviolable l'affectation qu'elle a faite de ces biens aux parens de la ligne, ſoit Paternelle, ſoit Maternelle. Auſſi ce Statut eſt-il réel, parce qu'il n'eſt que la ſuite & le complément du Statut qui a reglé l'ordre de la Succeſſion des propres.

Au contraire, lorſque la C. de Paris après avoir permis à tous ſes Citoyens de diſpoſer par Teſtament de leurs acquêts, & d'intervertir à leur gré l'ordre de la Succeſſion des acquêts qu'elle n'a établi qu'au défaut de la diſpoſition de l'homme, vient enſuite à défendre à l'Amant de diſpoſer au profit de ſa Concubine, au Mineur de ſon Tuteur, au malade de ſon Medecin; le motif de la Loy n'eſt pas d'affecter & d'aſſurer ces biens à la Famille de celui à qui elle défend d'en diſpoſer au profit des perſonnes prohibées. Car elle lui donne une liberté indéfinie d'en diſpoſer au profit de quelques autres perſonnes que ce ſoit.

C'eſt donc une incapacité ſpéciale que la Loy, dans les cas dont il s'agit, a eu deſſein d'attacher à ces perſonnes par des raiſons tirées de leur qualité, & par des vuës particulieres pour elles, incapacité qui les ſuit par tout; & par conſéquent ces Statuts ſont vrayement perſonnels. Icy le motif de la Loy a ſans doute été, qu'en permettant à ſes Citoyens de diſpoſer des biens qu'ils ont acquis, elle ne veut pas que leurs diſpoſitions ſoient l'ouvrage de la crainte ou de la ſéduction.

La régle que nous cherchions ſe préſente d'elle-même à préſent. Elle comprend tous les Statuts où la Loy preſcrit quelque choſe aux hommes ſur les diſpoſitions qu'ils pourroient faire de leurs biens. Ils ſe réduiſent tous à leur défendre d'en diſpoſer, ſoit abſolument, ſoit d'une maniére contraire à l'ordre établi pour la tranſmiſſion de ces biens. Dans l'un & l'autre cas on peut connoître ſi un Statut eſt réel ou perſonnel, par le moyen de cette régle.

REGLE II.

Lorſque la prohibition du Statut eſt générale pour toutes ſortes de perſonnes indiſtinctement, le Statut eſt réel.

Lorſque la prohibition eſt particuliere pour certaines perſonnes, le Statut eſt perſonel.

Cette regle eſt ſuffiſamment prouvée par les reflexions qui la précédent.

Elle ſe trouve conforme à nos premiers principes ſur la diſtinction des Statuts. Car la Prohibition faite à tous les hommes d'aliener leurs biens, ne ſçauroit être que la conſequence d'un Statut réel, par lequel la Loy rend ces biens inalienables, & les affecte à l'ordre suivant lequel elle s'est reservée d'en disposer. Les choses sont alors l'objet du Statut, & ce n'est qu'indirectement qu'il tombe sur les personnes. Au contraire une prohibition faite à quelques personnes seulement, n'a pour objet que ces personnes, & ne considere que leur état & leur condition particuliere.

On pourroit citer un grand nombre d'Arrêts qui confirment ce systéme. Il est vrai que la Jurisprudence y semble contraire, lorsqu'elle juge réel le Statut qui défend les avantages entre Conjoints. Mais cette décision ne doit point nuire aux principes qu'on a établis. Si la sagesse éclairée de la Cour s'est déterminée à juger de cette maniere, c'est sans doute par des motifs particuliers pour cette espece, ces motifs ne doivent pas renverser la maxime generale, que les Statuts qui reglent l'état & la capacité des personnes, sont personnels, maxime autorisée d'ailleurs par la Jurisprudence du Palais.

SECONDE PARTIE.

Des Statuts qui concernent les Actes.

IL arrive souvent que des Actes soient passez dans un autre Pays que celui du domicile des Parties, ou de la situation des biens dont il s'agit dans ces Actes. Alors, s'il s'éleve quelque contestation sur leur validité, ou sur leurs effets; & que ces differens Pays reglent par des Loix differentes la forme, l'étenduë, les suites de ces Actes, la capacité des Parties qui les passent, & la condition des biens qu'ils ont pour objet; quelle Loy suivra-t-on pour décider la contestation? Sera-ce celle du domicile des parties, où celle du Pays où l'Acte a été passé, ou enfin celle de la situation des biens?

C'est cette question qu'il s'agit icy de décider, en suivant les principes qui ont été établis sur l'autorité respective des Statuts.

Tous les Statuts qui concernent les Actes, peuvent être raportez à deux espéces, ceux qui en reglent la forme, & ceux qui en déterminent les effets. A l'égard de ceux qui regardent la capacité des parties, ils sont proprement étrangers à l'Acte, ils le précédent, & ne le suposent pas.

Au reste, il est aisé de décider, sur la capacité des Parties, quelle Loi on doit consulter. C'est celle qui fixe l'état des personnes, qui leur imprime des qualitez qui les suivent par-tout, & qu'elles ne peuvent perdre qu'en allant s'établir dans un lieu soumis à d'autres Loix. En un mot, c'est la Loy du domicile, comme il a été expliqué dans la Regle 1re. sur les effets des Statuts personnels.

Le principe général de cette matiére est que les Actes n'ayant point d'existence propre & separée, & dépendant entiérement de la personne à laquelle ils sont inhérents, ne sont pas par eux-mêmes susceptibles de l'autorité & des défenses de la Loy, qui n'en peut disposer immédiatement, comme elle dispose des choses & des personnes.

D'où il suit que les Statuts qu'elle fait sur la forme de ces Actes, se reduisent à ordonner aux personnes de les faire d'une certaine maniére, & en y observant certaines formalités; & les Statuts qu'elle fait sur l'effet des Actes, se reduisent pareillement à donner certains droits, ou sur les personnes qui les ont passez, ou sur les biens dont on y a disposé.

Regles sur la Forme des Actes.

UN Acte ne produit d'effets en Droit, qu'autant qu'il est conforme à ce que demande la Loy civile. La Loy en promettant son secours aux hommes pour l'exécution de leurs volontez, exige deux choses de leur part. La premiere, que leurs intentions n'ayent rien d'injuste ni de contraire au bon ordre. La seconde, qu'elles soient revétuës d'une forme sans laquelle elles sont regardées comme nulles, & n'ont aucune force.

Les formalitez qui doivent étre observées dans un Acte, sont de deux sortes. Les unes sont établies uniquement pour en constater la vérité: Les autres par diverses raisons que l'interêt & le bon ordre de la société ont suggérées.

Les premieres se partagent encore en deux classes differentes. Les unes sont attachées au ministére public des Officiers préposez pour recevoir les Actes & pour en certifier la vérité, tels que sont les Notaires. Il y en a d'autres qui ne dépendent que de la personne des parties, & qui peuvent être accomplies par elles. Telle est par exemple la forme du Testament olographe. Telles sont les formalitez prescrites par la Déclaration de 1733. pour la sûreté & la foy des billets sous seing privé.

A l'égard de celles qui sont introduites par des motifs étrangers à la preuve de l'Acte, elles sont fondées sur des vuës prises, ou de la qualité des personnes qui disposent, ou de la nature des choses dont on dispose, ou enfin du bon ordre & de la Police de l'Etat.

Toutes ces formalitez dépendroient de la même Loy, si le lieu où l'Acte est passé étoit en même temps celui du domicile des parties & de la situation des biens. Mais si l'on supose que ce soient des Pays differens, & dont les Loix ne soient pas les mêmes; alors il sera nécessaire de distinguer ce qui dépend de chaque Loy, ce qui est de son ressort. C'est ce qu'on pourra faire sans beaucoup de peine, à l'aide des régles suivantes.

REGLE PREMIERE.

LEs formalitez établies pour la preuve de l'Acte, & qui sont attachées au ministére des Officiers publics, dépendent de la Loy du lieu où l'Acte est passé. C'est à ces Officiers à certifier la vérité de l'Acte ; & ils doivent le faire de la maniére consacrée par la Loy de laquelle ils tiennent leur Charge, & qu'ils sont obligez de suivre dans l'exercice de leurs fonctions. Ces formalitez sont donc reglées par les Statuts qui regardent l'ordre extérieur, & à qui on a donné le nom de mixtes.

Si donc un Toulousain qui se trouve à Paris y fait son Testament, il lui suffira de le faire pardevant un Notaire & deux Témoins, comme il est d'usage à Paris ; & ce Testament aura son exécution à Toulouse, encore que la Loy Romaine exige d'autres formalitez.

REGLE II.

LEs formalitez établies pour la preuve de l'Acte & qui sont attachées uniquement aux parties, dépendent de la Loy du domicile, & sont reglées par les Statuts personnels. La forme de l'Acte étant alors inhérente aux personnes, dépend de la même Loy dont les personnes dépendent.

Ainsi le Toulousain qui se trouveroit à Paris, n'y pourroit faire de Testament olographe, parce que la forme du Testameut olographe n'étant point attachée à l'autorité des Officiers publics, & residant uniquement dans la personne de ceux qui testent de cette maniére, ils ne peuvent le faire, lorsque la Loy de leur Pays qui lie leur personne le leur défend. Et telle est en effet la Jurisprudence des Arrêts.

REGLE III.

LEs formalités qui sont introduites par des motifs étrangers à la preuve de l'Acte, dépendent tantôt de la Loy du domicile des Parties, tantôt de celle de la situation des biens, tantôt de celle du Pays où se fait l'Acte; c'est à dire, des Statuts personnels, des Statuts réels, ou des Statuts mixtes. Si les motifs qui ont fait exiger ces formalités, sont pris des personnes mêmes qui font l'Acte, les Loix qui en prescrivent l'obligation, sont des Statuts personnels ; si ces motifs sont tirez des choses dont on dispose, les Statuts sont réels ; s'ils sont pris de la Police & de l'ordre extérieur du Pays où l'Acte est fait, les Statuts sont mixtes.

Ainsi la Loy qui défend aux Mineurs de se marier sans le consentement de leur Pere & de leur Mere, est un Statut personnel ; celle qui veut que les substitutions soient publiées & enregistrées dans les six mois, est un Statut réel ; & celles qui établissent des régles sur la maniére, de vendre à l'encan, ou dans des Foires & des Marchez, sont des Statuts mixtes.

REGLE IV.

ENtre les Statuts qui concernent la forme des Actes, pour distinguer ceux qui sont réels d'avec ceux qui sont personnels ; il faut voir s'ils enveloppent ou non dans leur sanction toutes sortes de personnes indistinctement ;

dans

dans le premier cas, ils sont réels; mais si la formalité n'est prescrite qu'à certaines personnes en particulier, le Statut est personnel.

Ainsi l'art. 9. de l'Ordonnance des Donations qui porte que les Femmes mariées ne pourront accepter aucune Donation sans l'autorisation de leurs Maris, est un Statut personnel, la formalité de l'autorisation n'ayant son fondement que dans la qualité des Femmes mariées, & dans la dépendance où nos Loix veulent qu'elles soient de leurs Maris.

Au contraire, les Art. de la même Ordonnance qui portent que la Donation sera passée pardevant Notaire, qu'elle sera insinuée, ceux qui défendent de la faire révocablement & sans tradition, sont des Statuts réels. La Loy qui prescrit ces formalités, n'a pas eu en vûë la qualité des personnes, puisqu'elle y assujettit également tous les Citoyens; ce sont donc les choses qu'elle a principalement envisagées; elle n'a permis de les transferer à titre de Donation que sous les conditions prescrites sans lesquelles elle a voulu les rendre inaliénables à ce titre.

Cette regle n'a lieu que pour les Actes où il est question de choses & de biens. Aussi n'est-ce qu'à l'égard de ceux là qu'on peut douter, si les Statuts qui en reglent les formalités, sont réels ou personnels.

Les trois premiéres Regles sont renfermées dans cette proposition. La forme des Actes se regle, & par les Statuts personnels du domicile des Parties, & par les Statuts réels du lieu où les choses sont situées, & par les Statuts mixtes du lieu où l'Acte est passé.

D'où il suit que si les choses étoient situées en plusieurs Pays, par exemple, s'il s'agissoit dans l'Acte de biens situez en Auvergne & en Anjou, il faudroit en disposant de ces biens avoir égard, tant à la Coûtume d'Anjou, qu'à celle d'Auvergne. Pareillement, si l'Acte pouvoit être passé en plusieurs lieux, on devroit suivre la forme prescrite dans ces divers lieux. Que doit-on donc penser lorsque les parties n'ont pas le même domicile? Comme cette question peut être agitée à l'égard des effets, aussi bien qu'à l'égard de la forme des Actes, nous la traiterons après avoir donné des regles sur ces effets.

Regles sur l'effet des Actes.

TRois sortes de Loix ont Droit de regler l'effet des Actes aussi bien que leur forme: La Loy du domicile des parties, celle de la situation des biens, & quelquefois celle du lieu où l'Acte a été formé.

REGLE PREMIERE.

LA Loy du domicile des parties détermine l'effet des Actes par raport à certaines prestations purement personnelles qu'elle attache à l'Acte, comme une suite de l'engagement formé par ceux qui ont contracté ensemble. Elle les oblige l'un envers l'autre comme par l'effet d'une convention tacite:

Elle les lie de la même maniére que s'ils s'étoient engagez eux-mêmes. Tous les Statuts qui concernent ces engagemens sont donc personnels. Ainsi lorsque la Loy oblige le Créancier à diviser ses poursuites entre les coobligez & les cautions, & à discuter le débiteur principal avant d'agir contre les tiers détenteurs, ce sont des Statuts personnels, parce que l'engagement formé par la Loy, tombe uniquement sur la personne de celui pour qui la Loy est portée.

Ils sont personnels lors même qu'ils sont portez pour toutes les personnes indistinctement, & cette proposition ne donne aucune atteinte à la régle, à la faveur de laquelle nous distinguons les Statuts qui ne sont personnels qu'en aparence d'avec ceux qui sont tels en effet. Car cette régle (comme nous en avons averti) n'a lieu que lorsque dans le Statut il est question de choses & de biens, & non pas lorsqu'il s'agit de purs engagemens.

REGLE II.

Lors même que le Statut concerne les biens, s'il consiste à établir un engagement personnel, il est toûjours personnel, & par consequent c'est encore la Loy du domicile qui doit être suivie par raport à cet engagement.

C'est ainsi que le Statut qui établit la Communauté de biens entre le mari & la femme est personnel, parce qu'il lie les Conjoints par une obligation personnelle, en présumant qu'ils sont convenus tacitement de s'associer en tous biens meubles & conquêts immeubles, conformément à l'usage du Pays.

REGLE III.

Lorsque l'effet de l'Acte consiste dans un droit immediat sur les choses qui en font l'objet, il dépend toûjours de la Loy du lieu où ces choses sont assises.

Ainsi c'est à la Loy de la situation des biens à décider si la faculté de remeré sera prorogée au vendeur pendant 30. années; si la survenance d'enfans fera revoquer la Donation.

REGLE IV.

Lors même que l'effet de l'Acte consiste dans des engagemens personnels, si ces engagements ne sont que des conditions & des charges sous lesquelles la Loi a transmis aux personnes certains biens, ils se reglent uniquement par la Loy du Pays où sont situez les biens en question. Les Statuts par lesquels ces engagemens sont établis, sont la modification des Statuts réels par lesquels les biens ont été transmis, & c'est pourquoi ils sont réels eux-mêmes.

Ainsi quoique le Statut qui oblige les copartageants à la garantie reciproque des rentes échûës dans leurs Lots, forme pour eux un engagement perſonnel, ce Statut eſt cependant réel, parce qu'il n'eſt autre choſe qu'une détermination, une modification, une condition du Statut réel, par lequel la Loy a déferé la ſucceſſion du défunt. Le partage eſt une ſuite de l'ordre qui les a rendus héritiers, & la garantie une ſuite du partage.

REGLE V.

LEs ſuites d'une vente & de toute autre convention ſemblable faite en public, ſoit dans une Foire, dans un Marché, ou autrement, ſe déterminent par l'uſage & les regles du lieu où elle ſe fait. Les effets de la convention ſont donc alors reglez par les Statuts que nous apellons mixtes.

Il en eſt de même de tous les Actes concernant des affaires de négoce, lorſqu'ils ſont paſſez avec des perſonnes qui ſont un commerce public, quand elles ne ſeroient dans le Pays que pour un temps, & qu'elles n'auroient pas perdu le deſſein de retourner dans leur Patrie.

Cette Regle a lieu dans quelque Pays que la convention ſoit faite, & en quelqu'endroit que les parties ayent leur domicile; parce que ces ſortes de conventions ont quelque choſe de public & qu'elles intereſſent la ſociéte. Or, il ſuffit de prendre part à la ſocieté d'un Pays, pour être obligé d'en ſuivre les uſages & les mœurs.

Il n'en eſt pas de même de tous les autres Actes paſſez en Pays étranger, & la queſtion qui s'éleve à ce ſujet, ſouffre de grandes difficultez. On demande quelle Loy doit regler la forme & les effets d'un Acte, lorſque les parties n'ont pas le même domicile.

Pour ne laiſſer aucune incertitude ſur ce qui fait l'état de la queſtion, on remarquera, 1°. Qu'elle ne peut avoir lieu qu'à l'égard des conventions, & non à l'égard des Teſtamens, ou autres diſpoſitions à cauſe de mort qui ſont l'ouvrage de la volonté d'un ſeul. 2°. Que les formalités dont il s'agit, ſont celles qui s'accompliſſent par les ſeuls contractans, & qui leur ſont preſcrites par des motifs perſonnels pris de leur interêt ou de leurs devoirs; qu'il ne s'agit de même que des effets qui ſont de purs engagemens perſonnels; qu'en un mot, tant pour les effets que pour les formalitez, il n'eſt icy queſtion que de ce qui doit être reglé par la Loy du domicile des contractans, & qui s'ils étoient de même Patrie, ſeroit reglé par la Loy de leur domicile commun.

Il ſe préſente deux cas à decider: 1°. Si la convention ſe fait dans un Pays entre un Citoyen & un Etranger; par exemple, en France entre un François & un Hollandois: 2°. Si elle ſe fait entre deux Etrangers en Pays neutre, par exemple en Eſpagne entre un Allemand & un François.

La déciſion dépend d'une aplication exacte des principes de la Juſtice, ſur le pouvoir que les Loix ont ſur les hommes, & ſur la maniére dont ils ſont obligez de leur obéir. Voici quelques-uns de ces principes. Ce ſont autant d'axiomes qui portent l'évidence avec eux.

1°. La Loy eſt la conſcience publique, la convention commune des Citoyens, le principe & la régle de toutes leurs conventions particulieres.

2°. Les hommes ne ſont ſoumis à des Loix Etrangeres qu'autant qu'ils s'engagent eux-mêmes, ſoit expreſſement, ſoit tacitement à les obſerver.

3°. Les Loix d'un Pays ſont regardées dans tous les autres, comme des engagemens auxquels ceux qui les ont ſubis doivent ſatisfaire.

C'eſt par une ſuite du premier axiome qu'une convention qui n'a pas été faite ſuivant la forme preſcrite par la Loy, ne ſçauroit lier les parties, & n'a aucun effet en Juſtice; c'eſt encore en conſéquence de ce principe, que les contractans ſont reciproquement obligez à certaines preſtations que la Loy leur impoſe, & auxquelles elle les aſtreint par l'effet d'un engagement qu'elle préſume entr'eux.

On pourra tirer d'autres conſéquences de ces principes, & s'en ſervir pour l'éclairciſſement de la queſtion, en faiſant un examen méthodique des deux cas qu'elle renferme.

Premier cas. Il faut diſtinguer les formalitez de l'Acte d'avec ſes effets. Entre les formalitez dont-il eſt icy queſtion, il faut encore diſtinguer celles qui tendent à conſtater la vérité de l'Acte, & celles qui ſont preſcrites par des raiſons perſonnelles extrinſéques à l'Acte.

La vérité de l'Acte ſera ſuffiſamment conſtatée, ſi elle l'eſt ſuivant la Loy du Pays où cet Acte eſt paſſé, ſuivant l'opinion commune de tous ceux qui l'habitent, & ſur-tout du Citoyen qui a part à cet Acte. Celui qui contracte même avec un Etranger doit toûjours le faire avec ſûreté, dès qu'il le fait ſuivant la Loy de ſon Pays dans le ſein duquel il ſe trouve actuellement. En effet, la Loy eſt la conſcience publique. Ce qu'elle juge valide, ſes Sujets ont droit de le juger tel, au moins, lorſqu'ils ſont dans le lieu même où cette Loy eſt en vigueur. Il ſeroit injuſte que le Citoyen qui contracte dans ſa patrie ſur la foy de ſes Loix, fut induit en erreur. D'un autre côté, il ſeroit contraire aux bonnes mœurs, que l'obligation qu'il auroit formée ſuivant la Loy de ſon Pays & dans ce Pays même, fut regardée comme nulle, & qu'il pût être diſpenſé de la remplir. Elle eſt donc valable abſolument & à tous égards, ſitôt que la Loy du Pays y a été obſervée: Mais elle ne le ſçauroit être ſans cette condition. Car aucune raiſon n'exempte alors le Citoyen d'obéir à la Loy de ſon Pays. Il eſt actuellement dans l'Empire de cette Loy. Il eſt dans le centre d'une ſociété à laquelle il participe, & dont il doit par conſéquent ſuivre les régles. L'Etranger qui participe à cette même ſociété en contractant avec un Citoyen, doit ſe conformer aux régles qui y ſont établies. Il n'en a plus d'autres à ſuivre. La convention qu'il fait eſt ſoumiſe à ces régles, & par conſéquent il y eſt lui-même ſoumis, en ce qui regarde cette convention. Supoſons donc qu'un François emprunte en Allemagne une ſomme conſiderable à un particulier Allemand, l'obligation ſera valable, quand elle ne ſeroit que verbale, & la preuve par témoins qui a lieu en Allemagne, feroit admife pour cette obligation; quoique la Loy de France exige de paffer des Actes par écrit de toutes chofes qui excédent la fomme de cent livres.

En feroit-il de même des autres formalitez, de celles qui font établies par des raifons perfonnelles; &, par exemple, une Françoife mariée, pourroit-elle en Hollande accepter fans l'autorifation de fon Mari, une Donation qui lui feroit faite par un Hollandois?

Remarquez d'abord que ces formalitez établies par des vuës perfonnelles, n'obligent jamais d'autres que ceux à qui elles font prefcrites par la Loy de leur domicile; en forte, par exemple, que la Femme Hollandoife pour accepter en France une Donation que lui feroit un François, ne feroit point obligée d'être autorifée de fon Mari, parce que l'autorifation n'eft pas requife par la Loy de Hollande, pour accepter une Donation.

Mais la Femme Françoife pour accepter la Donation que le Hollandois lui fait en Hollande, doit-elle être autorifée? fi l'autorifation étoit une formalité introduite par une raifon tirée du droit naturel, fi l'interêt de l'état & le bien public l'exigeoient effentiellement, la Femme ne pourroit dans aucun cas en être difpenfée. Mais elle paroît n'être qu'une formalité purement arbitraire, fur tout lorfqu'il s'agit d'accepter une Donation. Elle n'eft requife que par un motif de bienfeance, qui eft que les Femmes donnent à leurs Maris une marque de dépendance & de foumiffion. Lorfque la Femme n'eft plus en France, il femble que cette raifon de bienfeance doit ceffer, & qu'une Femme en ce cas pour accepter une Donation n'a pas befoin de l'autorifation de fon Mari.

Il n'en feroit pas de même du Mineur qui fe marieroit en Pays étranger. Il ne pourroit le faire qu'avec le confentement de fes Pere & Mere, Tuteur ou Curateur, parce que ce confentement n'eft point une formalité arbitraire. La Loi qui l'exige eft fondée fur les motifs preffants des bonnes mœurs, du bien public, & de l'interêt même des Mineurs.

Il eft donc important de diftinguer les formalitez purement arbitraires, d'avec celles qui ont en vûë la néceffité de l'ordre public, & l'interêt facré des bonnes mœurs. Celles-cy font toûjours inviolables. Rien ne peut difpenfer de les obferver. Il en eft de même de celles que l'utilité des contractans a rendu néceffaires. Ainfi un Imbecille, un Fou, un Prodigue ne peuvent jamais difpofer de leurs biens fans le confentement de leur Curateur. Mais on n'eft pas obligé d'obferver les formalitez qui ne font qu'arbitraires dans les conventions qu'on fait en Pays étranger. Les Statuts qui les prefcrivent, ne doivent s'étendre au-delà de leur territoire, qu'au cas que la convention foit faite entre deux Concitoyens, qui ne peuvent contracter enfemble, fans être obligez de fe conformer à tout ce qu'exige la Loy de leur Pays.

On n'aprouvera peut-être pas cette diftinction. Rien, dira-t'on, n'eft arbitraire dans les dispositions des Loix. Elles sont toûjours sages, & n'ordonnent rien qui ne tende à l'utilité des hommes. Ce mot *arbitraire* ne doit pas plus être admis dans un systéme de Jurisprudence, que celui de hasard dans un systéme de Physique.

On répond à cela, que quand une Loy est fondée sur un principe de droit naturel, soit étendu, soit restraint, modifié enfin de quelque maniere, on la peut apeller essentielle, parce que la substance en est prise de l'essence même de la Justice, quoique la modification en soit arbitraire, c'est-à-dire, dépendante de causes secondes & de raisons particuliéres qui nous sont souvent inconnuës: par exemple, on peut apeller essentielle la formalité de l'autorisation du Tuteur ou du Curateur, parce que la Justice veut que les Pupilles & ceux qui ne sont pas en état de gouverner leurs affaires, soient aidez par quelqu'un, & que leur interêt soit mis en sûreté; quoiqu'il soit arbitraire, jusqu'à quel âge précisement cette autorisation est nécessaire, si c'est jusqu'à 14. ans, jusqu'à 20. jusqu'à 25. Or, ce qui est essentiel dans sa substance, le devient dans sa modification, pour tous ceux qui sont sujets à l'ordre, suivant lequel la Loy a été modifiée. Ainsi celui qui dans son Pays est jusqu'à 20. ans sous la puissance de son Tuteur ou de son Curateur, ne peut avant cet âge s'engager en aucun Pays, ni envers qui que ce soit, sans leur consentement.

Mais lorsque les Loix dans leurs préceptes n'ont point envisagé les premiers principes de la raison, lorsque leurs dispositions, quoique justes, sont fondées sur des motifs de convenance plûtôt que de Justice & de nécessité, alors on peut les apeller arbitraires, non qu'elles soient telles en elles mêmes, mais parce qu'elles paroissent telles, si l'on n'en juge que par les principes du droit naturel. C'est ainsi que la formalité de l'autorisation nécessaire en France aux Femmes mariées pour accepter une Donation, quoiqu'instituée par des vûës sages, n'est pourtant point fondée sur une raison essentielle de Justice & de droit naturel.

Venons aux effets de l'Acte. Doivent-ils, aussi bien que la forme, être reglez, dans le cas dont on parle à présent, par la Loy du Pays où se fait la convention? Cette question est facile à resoudre, après tout ce qu'on a dit. Le bon ordre & l'équité demandent que toute convention faite dans un Pays, avec un des Citoyens qui l'habitent, dépende entiérement de la Loy de ce Pays. Elle en est la regle la naturelle. *In contractibus veniunt ea quæ sunt moris & consuetudinis.* Il est à présumer que le Citoyen qui contracte dans sa Patrie, veut s'engager d'une maniere conforme à la Loy qui y regne, & que l'Etranger s'engage aussi sur le même pied. Cet engagement que l'équité fait présumer, subsiste donc lorsqu'il n'y en a point de contraire. Ainsi, si un Espagnol vend un cheval à un François, & que la vente soit faite en France, c'est à la Loi de France qu'il apartiendra de fixer la durée de l'action redhibitoire, & l'espece de vices qui y donnent lieu; si pourtant les parties n'ont rien ſtipulé de contraire. Car il y a cette difference entre la forme d'un Acte & ſes effets, que la forme eſt abſolument indépendante de la volonté des Parties, & qu'elles n'y peuvent rien changer ; au lieu que les effets, quand ils conſiſtent dans des preſtations perſonnelles, n'obligent les contractans qu'autant qu'ils ſont cenſez acquieſcer à la loy qui les établit. Ce n'eſt qu'en vertu d'une convention tacite ou préſumée qu'ils en ſont tenus, & les conventions expreſſes l'emportent toûjours ſur les conventions tacites, *pacta conventa inſunt bonæ fidei judiciis*, dit la Loy 7. au dig. *de pactis*; & la Loy 23. au dig. *de regulis juris*, après avoir fixé les preſtations des fautes dans les Contrats, ajoûte: *ſed hæc ita, niſi quid nominatim convenit, vel plus, vel minus, in ſingulis contractibus. Nam hoc ſervabitur quod ab initio convenit.*

Second cas. Lorſque deux Etrangers contractent en Pays neutre, quelle Loy doit regler la forme & les effets de la convention? De toutes les queſtions qui ſe préſentent ſur les Statuts, celle-cy paroît la plus difficile à reſoudre. Supoſons d'abord un François & un Eſpagnol, qui dans un cours de voyages ſe trouvant à Hambourg, veulent s'aſſocier enſemble pour le Commerce qu'ils font, l'un à Marſeille, & l'autre à Cadix. De quelle maniére feront-ils leur acte de ſociété? Suffira-t'il qu'il y ait une convention verbale ſuivant la Loy Romaine qui eſt obſervée à Hambourg? Faudra-t'il que l'Acte ſoit redigé par écrit pour être dépoſé enſuite au Greffe du Conſulat, comme il eſt établi en France par l'Ord. du Commerce? Enfin, ſera-t'il fait avec les formalitez qui peuvent être en uſage à Cadix?

Premierement, dire que dans ce cas on doit ſuivre la Loy de Hambourg, ce ſeroit avancer un ſentiment qui ne ſeroit pas apuyé ſur des raiſons ſolides. L'Acte attaché aux perſonnes n'exiſte que par leur moyen; & la Loy de Hambourg n'a aucune part à ſon exiſtence, dès que cet Acte ne dépend point de l'autorité publique, & qu'il eſt fait entre des particuliers qui n'ont dans cette Ville ni leur domicile ni leur Commerce.

Si donc quelque Loy poſitive doit regler la forme de cet Acte, ce ne peut-être que celle d'Eſpagne, ou celle de France. Mais pourquoi plûtôt l'une que l'autre? Faudroit-il donc dans l'occaſion préſente les obſerver toutes deux, & en ſeroit-il de même dans toutes les conventions indiſtinctement?

Il y a deux ſortes de conventions, ou de Contrats. Dans les uns, il n'y a qu'un débiteur, & un créancier. Tel eſt un billet pour Argent prêté, ou pour valeur reçuë en Marchandiſes. Dans les autres, les deux parties ſont reciproquement obligées. Tel eſt un contrat de ſociété. Dans les premiers, le ſoin de faire obſerver tout ce qui peut conſtater la foy de l'Acte, regarde naturellement le Créancier, parce qu'il eſt de ſon interêt, que l'obligation ne puiſſe être conteſtée. A l'égard du débiteur, il fait ſon obligation en la forme qui convient au Créancier. C'eſt donc au Créancier que la Loy ordonne de faire obſerver les formalitez établies pour la preuve de l'Acte. Or c'eſt, ce semble, à la Loy qui regle la personne du Créancier à lui prescrire ce qu'il doit faire. Il n'est point tenu d'obéir à la Loy qui regle la personne du débiteur. Les formalitez dont nous parlons, sembleroient donc dépendre de la seule Loy du Créancier, lorsqu'il s'agit des Contrats où il n'y a qu'une seule des parties obligées.

Ainsi un François qui prêteroit une somme à un Etranger, devroit pour la sûreté de sa Dette, prendre de lui un billet qui fut écrit en entier de sa main, ou qui en fut au moins signé avec l'aprobation pour la somme mentionnée au billet.

En apliquant ce raisonnement aux conventions où les contractans sont reciproquement obligez, on trouveroit qu'ayant tous deux interêt à la certitude de l'Acte, ils devroient chacun de leur côté y faire observer les formalitez prescrites par la Loy de leur domicile.

Ainsi l'Acte de société, que nous avons proposé pour exemple, devroit être redigé par écrit suivant la Loy de France, & on y devroit observer aussi les formalitez qu'exigeroit la Loy d'Espagne.

Cette opinion à quelque vraisemblance. Mais ne pourroit-on pas dire d'un autre côté qu'il seroit mieux que chaque Débiteur s'obligeât suivant la Loy de son domicile; que c'est cette Loy qui doit naturellement regler tout ce qui regarde les engagemens de ses sujets; & enfin que par ce moyen le droit du Créancier seroit plus en sûreté, parce que le Débiteur seroit convaincu de la verité de son obligation par la preuve établie, & autorisée par les Loix mêmes de sa Patrie; qu'à l'égard de ce qu'on pourroit objecter que par là le Débiteur se trouveroit le maître d'insérer dans l'obligation des nullitez qu'il oposeroit ensuite, la réponse est que le Créancier étoit ou devoit être instruit de la condition de son Débiteur, & prendre en consequence toutes les mesures nécessaires pour assurer l'obligation. *Qui cùm alio contrahit, vel est, vel debet esse non ignarus conditionis ejus*, dit la Loy 19. au dig. *de Reg. jur.*

Dans cet embarras & cette incertitude, on est obligé d'avoir recours à un sentiment, qui d'ailleurs paroît plus conforme aux vrais principes du droit des gens, mais qui n'est lui même ni sans inconveniens, ni sans obscuritez; c'est de dire que la forme de la convention doit, dans le cas dont il est question, se regler par le seul droit naturel, en sorte qu'en quelque forme que l'obligation soit conçuë, elle sera toûjours valable, & produira en Justice tous les effets qui resultent de la bonne foy. Que si les contractans veulent que leur convention ait des effets plus étendus, ils les doivent spécifier en la faisant.

Voici ce qu'on peut dire pour apuyer ce sentiment. La Loy étant la convention commune des Citoyens, est la regle des conventions particulieres qu'ils font entr'eux, mais non pas de celles qu'ils font avec des Etrangers. Les hommes en s'obligeant d'observer les Loix de leur Pays dans leurs conventions.

ventions, ne s'y font engagez qu'envers leurs Concitoyens. Ils n'y sont donc plus obligez, lorsqu'ils contractent avec des étrangers, & que se trouvant hors de leur Patrie, ils ne troublent point l'ordre public par l'inexécution de leurs Loix. D'où il suit d'abord que, dans le cas dont il est question, la forme de l'Acte ne dépend point de quelque Loy positive, mais du seul droit naturel.

La même chose se prouve à l'égard des effets. Car les effets d'une convention, ne pouvant dépendre que d'un engagement présumé entre les Parties, doivent être fondez sur un consentement commun. Ils ne peuvent donc être déterminez que par une Loy commune, une Loy qui lie également les deux contractans. Or dans le cas où deux Citoyens de differens Pays se trouvent en Pays Etranger, ils n'ont de lien commun que celui de la bonne foy, & de l'équité naturelle.

Ces raisons paroissent convaincantes. Mais on pourroit y oposer plusieurs difficultez considerables. On ne s'arrêtera point icy à les resoudre. On tâchera de le faire de vive voix, si quelqu'un à la bonté de les proposer.

A la question principale qui vient d'être traitée, s'en joignent plusieurs de moindre étenduë, mais en grand nombre, telles que celles-cy:

A quelle Loy c'est à décider si un Acte doit être passé pardevant Notaire; si c'est à la Loy du lieu où il est fait, à celle de la situation des biens, ou à celle du domicile des parties?

Si lorsqu'un Acte est passé pardevant Notaire, les prestations personnelles du Contrat, sont toûjours déterminées par la Loy du lieu où il est passé.

Quelle Loy doit regler la forme & l'effet des conventions qui se font par lettres, & qui sont commencées dans un Pays, & achevées dans un autre?

Si la Dette étoit formée dans un endroit, mais que le payement se dût faire dans un autre, quelle Loy il faudroit suivre sur la Monnoye du payement, sur le délai, sur la prescription, &c.

Si le consentement étoit conditionnel, & qu'avant l'échéance de la condition, la Loy où la Coûtume du lieu fut reformée; les prestations du Contrat qu'on supose fait entre deux Citoyens, dépendroient-elles de la Coûtume ancienne, ou de la Coûtume reformée?

A quel Tribunal doivent être portées les contestations qui se présentent à l'occasion des Statuts, soit réels, soit personnels, soit mixtes, & quels Juges ont droit d'en connoître?

A quelles Loix apartient l'instruction & la punition des crimes?

Si lorsqu'on juge en France un Etranger, un Genois, par exemple, pour un crime commis à Genes contre un François, l'Etranger est sujet à la peine portée par les Loix de Genes, ou celles de France.

Si l'on peut punir un Etranger qui voyage dans un Pays pour une action qui n'eſt regardée comme crime que dans ce Pays ?

En ſe ſervant des principes qu'on a trouvez plus haut, on pourroit peut-être reſoudre ces queſtions, & pluſieurs autres, dont la déciſion ſeroit intereſſante. On en laiſſe l'examen au public. Il ſuffit de les avoir indiquées pour remplir le deſſein qu'on a eu de montrer plûtôt que de traiter avec étenduë ce qui regarde l'autorité des Statuts.

On ſe croiroit bien récompenſé de ſon travail, ſi cet Eſſai pouvoit donner lieu à quelque ouvrage exact & complet ſur une matiére qui merite d'être bien traitée, & ſur laquelle nos meilleurs Auteurs laiſſent encore un champ vaſte à défricher.

Me. FRANCOIS BARBOT, Licencié de l'Univerſité d'Orleans, ſubira l'examen public du Droit François ſur le Traité cy-deſſus, le Jeudy vingt-ſix Août mil ſept cens quarante-cinq, à deux heures de relevée, dans la Salle des Ecoles de ladite Univerſité.

www.ingramcontent.com/pod-product-compliance
Ingram Content Group UK Ltd.
Pitfield, Milton Keynes, MK11 3LW, UK
UKHW021036260726
13994UKWH00005B/2185

9 782329 321288